M. GOBAILLE

CURÉ-ARCHIPRÊTRE

DE SAINT-QUENTIN

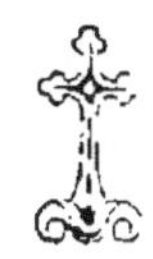

SAINT-QUENTIN

IMPRIMERIE LÉON MAGNIER PÈRE ET FILS

6, rue Saint-Jacques, 6

—

1875

M. GOBAILLE

CURÉ-ARCHIPRÊTRE

DE SAINT-QUENTIN

La mort vient de frapper, dans la personne de M. Gobaille curé-archiprêtre de Saint-Quentin, l'un des prêtres les plus dignes et les plus vénérables du diocèse de Soissons.

Le dimanche des Rameaux, c'était hier, ce semble, on le voyait encore, dirigeant par nos rues la dernière des trois processions du Jubilé, bénissant Dieu d'avoir été si bien compris par ses paroissiens et donnant à tous le spectacle de la plus édifiante piété. A le voir ainsi, la démarche ferme et digne, on pouvait penser qu'il présiderait, longtemps encore, aux cérémonies sacrées qui étaient vraiment sa vie; hélas! c'est ce jour-là même qu'une maladie, aussi imprévue que cruelle et rapide l'attendait pour le frapper. On ne le vit point de toute la semaine sainte et l'inquiétude gagna tous les cœurs. Il fallait qu'elle fut bien grave, en effet, l'affection dont il souffrait, pour qu'il passât ces saints jours dans sa chambre de malade; et tout le monde se disait que, traitant son corps sans ménagement et avec toute l'imprudence d'une âme qui croit trop à l'éternité pour user d'égards avec le temps, s'il s'avouait vaincu c'est qu'il était terrassé.

Nous voudrions, pour l'édification de ses paroissiens et la consolation de ses nombreux amis, retracer les principaux traits de cette belle et sainte vie. Plus tard, — il le mérite bien — on pourra peut-être en faire le tableau complet.

Louis-Léonard Gobaille naquit à Couvron au mois de novembre 1808. Il trouva au foyer domestique les habitudes et les exemples d'une vie chrétienne, et forma de bonne heure le dessein de se consacrer à Dieu.

Il fit dans les séminaires diocésains d'excellentes études, et l'on eut bientôt pressenti les qualités éminentes qu'il devait déployer dans la suite. Ordonné prêtre en 1835, il commença, dès lors, la première partie de la tâche qu'il devait remplir en ce monde. Ses supérieurs avaient remarqué la solidité de son esprit, la pureté de son goût et toutes les vertus nécessaires à l'enseignement, et c'est à l'enseignement que furent consacrées les premières et les plus belles années de sa vie. Au petit séminaire de Laon où il débuta, on le vit professeur capable et directeur excellent ; au grand séminaire, ou son mérite le fit appeler, jeune encore, il se montra théologien distingué, et, quand au départ de M. Lequeux, il dut accepter la lourde charge de supérieur, il gagna la confiance et l'amour de ses élèves et de tout le clergé. Le prestige d'une vertu éminente lui attirait les cœurs, et ce prestige, il le devait à la pratique rigoureuse de la mortification et de la prière. Il y a dix-huit ans qu'il a quitté le grand séminaire, cette maison conserve toujours le souvenir des enseignements et des exemples qui ont formé tant de prêtres à la science religieuse et aux vertus sacerdotales. Ajoutons que devenu curé de St-Quentin, le digne successeur du vénérable M. Lequeux se sentit toujours travaillé du désir de s'employer à la sanctification du clergé; ils peuvent en rendre témoignage, ceux dont il était le guide et le modèle dans les travaux du saint ministère et les prêtres nombreux qui s'étaient placés sous sa fortifiante direction.

Il quitta, en 1858, le grand séminaire, et pendant sept ans encore, il continua, en qualité de chanoine titulaire, à édifier la ville de Soissons qui connaissait et admirait son exemplaire régularité, son exactitude scrupuleuse, qui l'appréciait surtout dans l'exercice de la haute et délicate fonction de directeur des âmes.

Aussi lorsque il y a dix ans, la mort du vénérable M. Tavernier eut laissé vacante la Cure de St-Quentin,

le choix de Monseigneur se porta
sur l'ancien supérieur du grand séminaire, sur le chanoine exemplaire
sur le prêtre véritablement éminent
dont le Chapitre de la cathédrale
était justement fier. C'était une très-
glorieuse et très-lourde succession à
recueillir que celle de M. Tavernier,
c'était une vie toute de vertus, de
mérites et de bonnes œuvres à conti-
nuer, et il fallait déployer, sur un
vaste champ, toutes les qualités du
prêtre et du pasteur. Disons tout de
suite que M. Gobaille se montra tout
a fait digne du choix que l'on avait
fait de lui. C'est le témoignage que
lui rend aujourd'hui la ville tout en-
tière, surprise et véritablement émue
de la perte si douloureuse qu'elle
vient de faire. Son éloge est sur les
lèvres de tous ceux qui, depuis trois
jours se pressent à la chambre ar-

dente où est exposé le vénérable dé-
funt: « C'était l'Homme de Dieu,
» c'était un saint, » entend-on répéter
partout. C'était l'Homme de Dieu, en
effet, personne mieux que lui n'a été
fidèle à la devise qu'il prenait si vo-
lontiers et qu'il développait si com-
plaisamment: « Dieu seul. »

Honorer Dieu par la décoration de
sa maison et de ses autels, par les
splendeurs et les magnificences du
culte, et surtout, par la sanctification
des âmes, telle a été la préoccupation
constante de toute sa vie à Saint-
Quentin. Il y trouva, établies déjà,
les grandes œuvres catholiques de la
Conférence de St-Vincent de Paul,
des Dames de la Providence, des
Mères chrétiennes, des Petites Sœurs
des Pauvres, des Sœurs garde-ma-
lades, de St-François-Xavier, du Patronage des jeunes filles, des Sœurs

de St-Vincent de Paul, etc., etc., il a vu dans ces derniers temps, s'établir le Patronage des jeunes ouvriers et apprentis, et la maison des Sœurs franciscaines-alsaciennes. Il se ré jouissait de voir toutes ces œuvres prospérer et grandir, il en espérait tant de bien pour toutes ces chères âmes qu'il voulait gagner à Dieu! les grandes plaies morales et sociales du temps et du pays où nous vivons navraient son âme, et il savait que pour y remédier, il faut fonder et développer, au bénéfice de l'enfance et de la jeunesse, des établissements et des œuvres de grande importance.

Mais ce qui le préoccupait par dessus tout, c'était la nécessité de la prière. Aussi toutes les associations et toutes les pieuses confréries de la paroisse reçurent-elles de sa part une nouvelle impulsion. Pour lui, personnellement, il n'y avait qu'à le voir dens la prière, aux offices de l'église, pour juger de sa piété et de sa ferveur, et quand on l'entendait ensuite, dans le ministère de la divine parole, aux accents de sa foi et de sa charité, on appréciait, on vénérait bientôt l'Homme de Dieu, et le prêtre dévoré de zèle pour la sanctification des âmes.

Ce fut pendant la dernière semaine du Carême, chaque jour de la retraite préparatoire à la communion pascale, que ces saintes ardeurs de son âme furent particulièrement remarquées. Il s'était réservé la méditation du matin, et devant un auditoire préparé, pieux et sensible, il développa chaque jour, avec une véritable éloquence, les grandes vérités du salut... et le lundi de la semaine suivante, il était cloué, pour ne plus se relever, sur son lit de douleur !

On ne crut point d'abord à toute la gravité de son état ; et pourtant il souffrait le martyre, mais jamais une plainte ne sortait de ses lèvres et il fallut toute la sagacité des médecins pour découvrir le vrai siége du mal. La situation s'aggravait d'heure en heure cependant, mais le saint prêtre ne goûtait que le bonheur d'être associé aux sacrifices expiatoires du Sauveur. C'est surtout durant la nuit du jeudi au vendredi saint que ces admirables dispositions se révélèrent dans leur édifiante beauté, il était vraiment sur la Croix et il suivait dans sa longue méditation toutes les phases de la passion de Jésus. « Je » n'étais pas digne d'être associé si di- » rectement aux souffrances de mon bon maître, » répétait-il alors et sa

prière devenait plus ardente à me-
sure que la douleur devenait plus
aigue.

On devine avec quelle ferveur il se
prépara à la visite de son Dieu ; avec
quels tressaillements d'amour il re-
çut, le jour de Pâques, la sainte
communion. La joie qu'il en éprouva
lui fit, pendant plusieurs heures
oublier ses souffrances ; on crut, un
instant, tout danger disparu. Mais le
lendemain, il fallut bien se rendre
à l'évidence ; les remèdes les plus
énergiques n'agissaient pas. Vers
3 heures 1/2, la respiration devint
plus pénible, l'agonie commençait.
Elle dura près d'une heure. Alors,
son confesseur lui rappela les textes
sacrés et les formules de prières plus
particulièrement applicables à ces
derniers moments. Puis les prêtres
de la paroisse et quelques fidèles

réunis dans la chambre du malade récitèrent les prières des agonisants. « *In manus tuas, Domine, com-* » *mendo spiritum meum.* » « Sei- » gneur! je remets mon âme entre vos » mains. » Jésus! Marie! Joseph! ajouta le confesseur. Ces mots furent les derniers que le saint prêtre entendit sur la terre, et son âme s'envola doucement vers le Seigneur pour reposer et dormir en paix dans son sein.

A cinq heures, une sonnerie funèbre des grosses cloches de la Collégiale, annonçait à la paroisse qu'elle venait de perdre son vénérable et saint pasteur.

« M. l'archiprêtre est mort ! disait-on de toutes parts; et ces paroles, entrecoupées par le tintement lugubre, laissaient dans tous les cœurs la tristesse et des regrets.

Le soir même, le corps était revêtu des habits sacerdotaux et exposé à découvert, dans une des salles du presbytère, transformée en chapelle ardente ; et depuis lors, l'affluence des visiteurs n'a point cessé. C'est un spectacle vraiment édifiant à voir que celui qui nous est offert par cette foule pieusement émue et profondément recueillie, et l'on peut tout espérer d'une population qui sait de la sorte rendre hommage au véritable mérite. Beaucoup de fidèles font toucher au corps du saint prêtre des médailles, des chapelets et d'autres objets de piété qu'ils conserveront précieusement, et personne ne le quitte sans jeter sur lui un dernier regard qui paraît une prière inspirée par le souvenir de si grandes vertus.

Imp. Léon MAGNIER père et fils.